초판 1쇄 · 2007년 12월 14일 | 초판 13쇄 · 2023년 10월 4일

글 · 공병호 | 그림 · 천소

편집 · 이세은 윤정현 조연진 정지인 차정민 | 마케팅 · 강백산 강지연 | 디자인 · 윤현이 | 펴낸이 · 이재일 | 펴낸곳 · 토토북

주소 04034 서울시 마포구 양화로 11길 18, 3층(서교동, 원오빌딩) | 전화 02-332-6255 | 팩스 02-6919-2854

홈페이지 www.totobook.com | 전자우편 totobooks@hanmail.net | 출판등록 2002년 5월 30일 제10-2394호

ISBN 978-89-90611-49-9 77800

ⓒ 공병호 천소, 2007

이 책은 저작권법에 의해 보호를 받는 저작물이므로 무단 전재 및 무단 복제를 금합니다.
잘못된 책은 구입하신 곳에서 바꾸어 드립니다.

KC
* 제품명: 나의 행복한 하루 | 제조자명: 토토북 | 제조국명: 대한민국 | 전화: 02-332-6255
* 주소: 서울시 마포구 양화로11길 18, 3층(서교동, 원오빌딩) | 제조일: 2023년 10월 4일 | 사용연령: 7세 이상
* KC 인증 유형: 공급자 적합성 확인
* KC마크는 이 제품이 공통안전기준에 적합하였음을 의미합니다.

⚠ **주의** 책의 모서리에 다치지 않게 주의하세요.

미래를 준비하는 어린이에게
공병호 선생님이 주는 12개의 황금씨앗

나의 행복한 하루

공병호 글 · 천소 그림

행복한 하루가 모여
성공한 사람을 만듭니다

어린이 여러분은 커서 뭐가 되고 싶나요?

우주인, 생명과학자, 요리사, 소방관…? 이미 여러분의 머릿속에는 멋진 사람이 된 자신의 모습이 떠올랐을 거예요. 그래요, 여러분은 방금 머릿속에 떠올린 사람이 될 수 있습니다. 여러분은 무엇이든지 될 수 있는 가능성을 가지고 있거든요.

그럼, 자신이 바라는 사람이 되기 위해 지금부터 뭘 하면 가장 좋을까요?

잘 모르겠다고요? 그건 내가 알려 줄게요. 바로 행복한 하루를 보내는 것이랍니다.

내 대답이 시시하다고요? 곰곰이 생각해 보세요. 아침에 스스로 일찍 일어난 날 하루가 어땠나요? 엄마한테 칭찬받아서 기분이 좋았죠? 기분이 좋아서 학교 가는 길도 즐거웠고, 학교에 가서도 선생님 말씀을 열심히 들었을 거예요. 그러면 선생님께 칭찬을 받고요. 집에 돌아와서 엄마한테 자랑하면 엄마는 또 칭찬을 해 주시고 여러분의 마음이 기쁨으로 가득 찼을 거예요. 이런 하루가 바로 행복한 하루랍니다. 매일 매일을 행복하게 보낸 사람은 늘 신이 나서 자신이 바라는 사람이 되기 위해 더 열심히 노력하지요. 이래도 행복한 하루를 보내는 것이 시시하다고 생각하나요?

나는 이 책에서 여러분들에게 하루를 즐겁고 행복하게 보내는 12가지 방법을 알려 주려고 합니다. 나는 이것을 12개의 황금 씨앗이라고 불러요. 여러분이 이 씨앗들을 하나하나 마음속에 잘 심고 매일 매일 물을 준다면, 머지않은 미래에 분명히 자신이 바라는 사람이 되어 있을 거예요.

아침을 즐겁게 시작하기, 하루 동안 어떤 일을 할까 생각하기, 학교에 일찍 가서 친구들과 반갑게 인사하기, 어려운 문제를 내 힘으로 풀기, 학교에서 씩씩하게 발표하기, 친구와 사이좋게 지내기, 숙제를 미루지 않고 오늘 끝내기, 커서 무엇이 될까 생각하기, 가족과 즐거운 하루 보내기. 이렇게 하면 행복한 하루를 만들 수 있답니다.

이미 하고 있다고요? 세상에! 여러분은 꿈을 위한 준비를 벌써 시작했군요!
그럼 우리 행복한 어른, 성공한 어른이 되어 다시 만나요.

공병호경영연구소 소장
경제학박사 공병호

하루의 시작은 내 힘으로

아침이에요.
하나, 둘, 셋을 외치며
벌떡 일어나 기지개를 켜요.
힘차게 일어나니까 기분도 상쾌해요.

이불 개고,
밥 먹고,

세수하고,
옷 갈아입고,

내 일은 내가 해요.

키도 컸고,
힘도 세졌고,
생각 주머니도 자랐으니까요.

🌱 **첫 번째 황금씨앗 : 스스로 하기**

스스로 자기 일을 해낼 수 있을 만큼 여러분은 잘 자랐습니다. 그건 자랑할 만한 일이에요. 나이가 한 살 많아지면 자기 혼자 할 수 있는 일도 많아져요. 자기 일을 잘 해내는 사람을 나는 '아주 멋진 사람'이라고 불러요. 꼭 기억해 두세요. '멋진 사람'은 자기 할 일을 스스로 해내는 사람이랍니다.

오늘은 어떤 하루가 될까?

'오늘은 어떤 재미있는 일이 생길까?'
'내가 할 일은 무엇일까?' 생각하면
학교 가는 길이 즐거워요.

오늘은 내가
1등으로 도착해야지.

스티커를 몇 개
받을 수 있을까?

국어 책은 큰 소리로 읽어야지!

문제 풀 땐
실수하지 않을거야.

야! 오늘도 신나는 하루가 될 거 같아요.

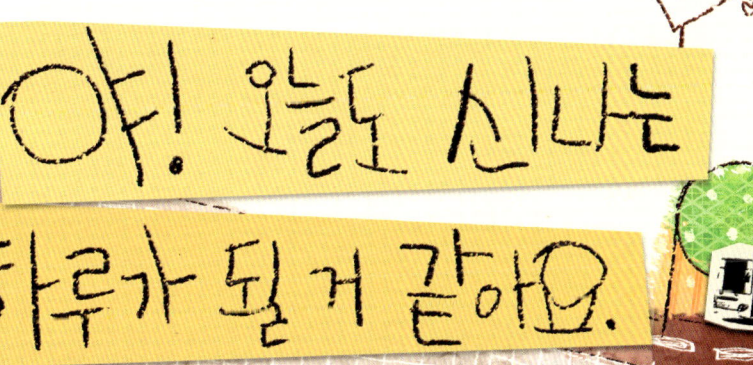
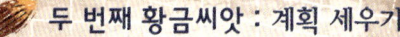

두 번째 황금씨앗 : 계획 세우기

집을 짓기 전에 집의 모양을 먼저 그림으로 그려 보는 것을 '설계'라고 해요. 설계를 잘 한 집은 튼튼한 집이 되고, 설계를 잘 못한 집은 금세 허물어질 수 있어요. 하루의 일을 미리 생각해 보는 것도 '설계'입니다. 다른 말로 하면 '계획'이지요. 계획을 잘 세운 하루는 튼튼한 하루가 되지요.

준비하면 여유가 생겨요

으, 지각이다.
땀이 나도록 달려서
학교에 도착했어요.

책상에 앉아도
숨이 가빠요.
연필도 자꾸
떨어뜨리고

선생님 말씀도
머리에 안 들어와요.
조금만 일찍 준비할 걸.

친구들한테
아침 인사도 못 하고
수업 준비도 못 했네.

내일은 꼭 일찍 와야지.

세 번째 황금씨앗 : 좋은 습관 들이기

'급하게 밥을 먹으면 체한다.'는 말이 있어요. 뭐든지 준비하지 않고 급하게 하면 잘 할 수 있는 일도 못하게 된다는 뜻이에요. 어린 시절부터 미리 준비하는 습관을 들이면 재능을 마음껏 발휘할 수 있어요.

나는 지금 공부 중!

학교는 공부하는 곳!
또박또박 소리 내
책을 읽고

글씨도 반듯하게 써요.

모르는 게 있으면
선생님께 물어 보고

새로운 걸 알게 되면
잘 기억해 둬요.

네 번째 황금씨앗 : 열심히 배우기

학교에서는 많은 것을 배울 수 있어요. 숫자를 배우면 물건을 살 때 계산할 수 있고, 글을 배우면 머릿속 생각들을 적어 둘 수 있습니다. 뭐든지 열심히 배우면 하고 싶은 일을 할 때 쓸모가 있어요. '아는 것이 힘'이니까요.

틀리는 걸 두려워하지 않아요

알면서도 실수로
틀릴 때가 있어요.

창피해서,
'차라리 말하지
말 걸.' 후회도
하지요.

그러고 나면,
할 말이 있어도
손들 자신이
없어져요.

하지만 선생님께서
가르쳐 주셨어요.
**틀려도 용기를 내서
자신 있게 말하라고,**
자꾸 틀려야 더 많이
알게 되는 거라고.

학교는 배우는 곳이니까
틀려도 괜찮아요.
다음엔 더 잘 할 수 있어요.

다섯 번째 황금씨앗 : 용기 내기

'노는 것', '공부하는 것' 모두 자신 있게 해 봐요. 틀려도 괜찮아요. 성공하는 사람들은
새로운 일을 할 때 두려워하지 않아요. 틀리면 다시 시작하면 되니까요. 틀리고, 배우고,
또 틀리고, 다시 배우고…. 그러면서 성공하는 법을 배우는 거랍니다.

친구가 있어서 좋아요

집으로 돌아갈 땐 친구와 함께!
나란히 발 맞춰 걸어가요.
어제는 싸워서 따로 갔지만
오늘은 함께 걸어가요.

친구랑 있으면 힘이 나요.
내 맘을 알아줘서 그런가 봐요.

여섯 번째 황금씨앗 : 친구를 아끼기

아무리 뛰어난 사람이라도 혼자 모든 일을 할 수는 없습니다. 옆에서 도와주는 사람이 많으면 더 많은 일을 할 수 있지요. 친구는 자신을 이해하고 도와주는 사람입니다. 좋은 친구를 많이 사귀세요. 또한 자신이 좋은 친구가 되도록 노력해 보세요. 서로 힘을 합쳐서 세상을 이끌어 갈 주인공이 됩시다.

웃는 얼굴이 좋아요

나는 언제나 싱글벙글.
내가 먼저 웃으면 다른 사람들도 웃어요.

웃음은 옆으로
전해지나 봐요.

웃으면서 인사하면
따뜻한 마음이 전해지고,

서로 서로 인사하면
모두가 즐거워져요.

일곱 번째 황금씨앗 : 따뜻한 마음

마음은 참 이상하지요. 책상, 의자, 침대처럼 눈에 보이는 것도 아닌데, 다른 사람에게
나의 마음이 고스란히 전해집니다. 남을 미워하면 미워하는 마음이, 남을 사랑하면
사랑하는 마음이 그대로 전해지지요. 성공하는 사람들은 늘 진심으로 상대방을 대합니다.
남을 비웃거나 약 올리지 않아요. 그러면 상대방도 그 사람을 진실한 마음으로 대합니다.

오늘 일은 오늘 끝내요

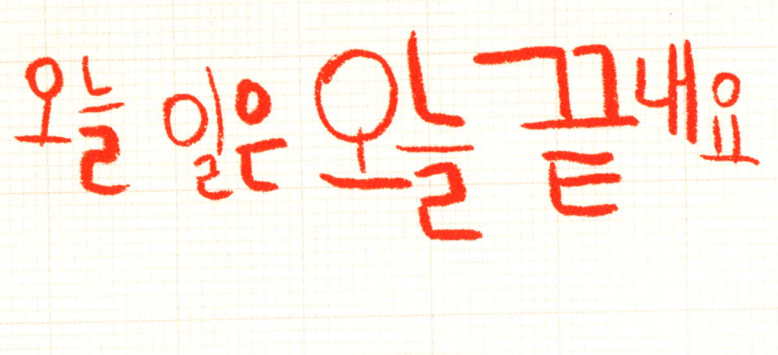

숙제를 안 하고 그냥 잤더니
다음 날 숙제가 곱빼기로 늘었어요.
미룬 숙제는 산더미처럼
불어나 되돌아와요.

할 일을 제때 하지 않으면
더 힘든 일이 생겨요.

오늘은 숙제를 다 했어요.
어! 그런데 아직 시간이 남았네.

숙제를 미룰 땐 하루종일 바빴는데
오늘은 숙제를 다 했는데도 시간이 남았어요.

지금부터 내가 좋아하는
로봇을 만들어야지.

여덟 번째 황금씨앗 : 시간 관리

숙제를 미루지 않으면 시간을 잘 쓰는 방법도 금세 배울 수 있습니다. 류비셰프라는 러시아의 과학자는 '시간을 정복한 사람'으로 유명해요. 이 과학자는 하루 여덟 시간씩 자고, 취미 생활을 다양하게 즐기면서도 70권의 책을 썼습니다. 류비셰프처럼 시간을 잘 쓸 줄 알면, 하고 싶은 일과 할 일 모두를 해낼 수 있답니다.

하고 싶은 일이 많아요

나는 어떤 어른이 될까요?

맛있는 요리를 하는 요리사? 로봇을 만드는 공학박사?
우주를 날아다니는 우주 비행사? 불을 끄는 소방관 아저씨?

나는 정말 하고 싶은 일이 많아요.
어른이 되면 모두 할 수 있을까요?

아홉 번째 황금씨앗 : 꿈꾸기

어린이는 누구나 어른이 됩니다. 그런데 어떤 어른이 될지는 스스로 만드는 거예요. 꿈을 가지고 있는 어린이는 꿈꾸는 모습 그대로의 어른이 될 수 있어요. 꿈을 이루기 위해 노력하고 있나요?

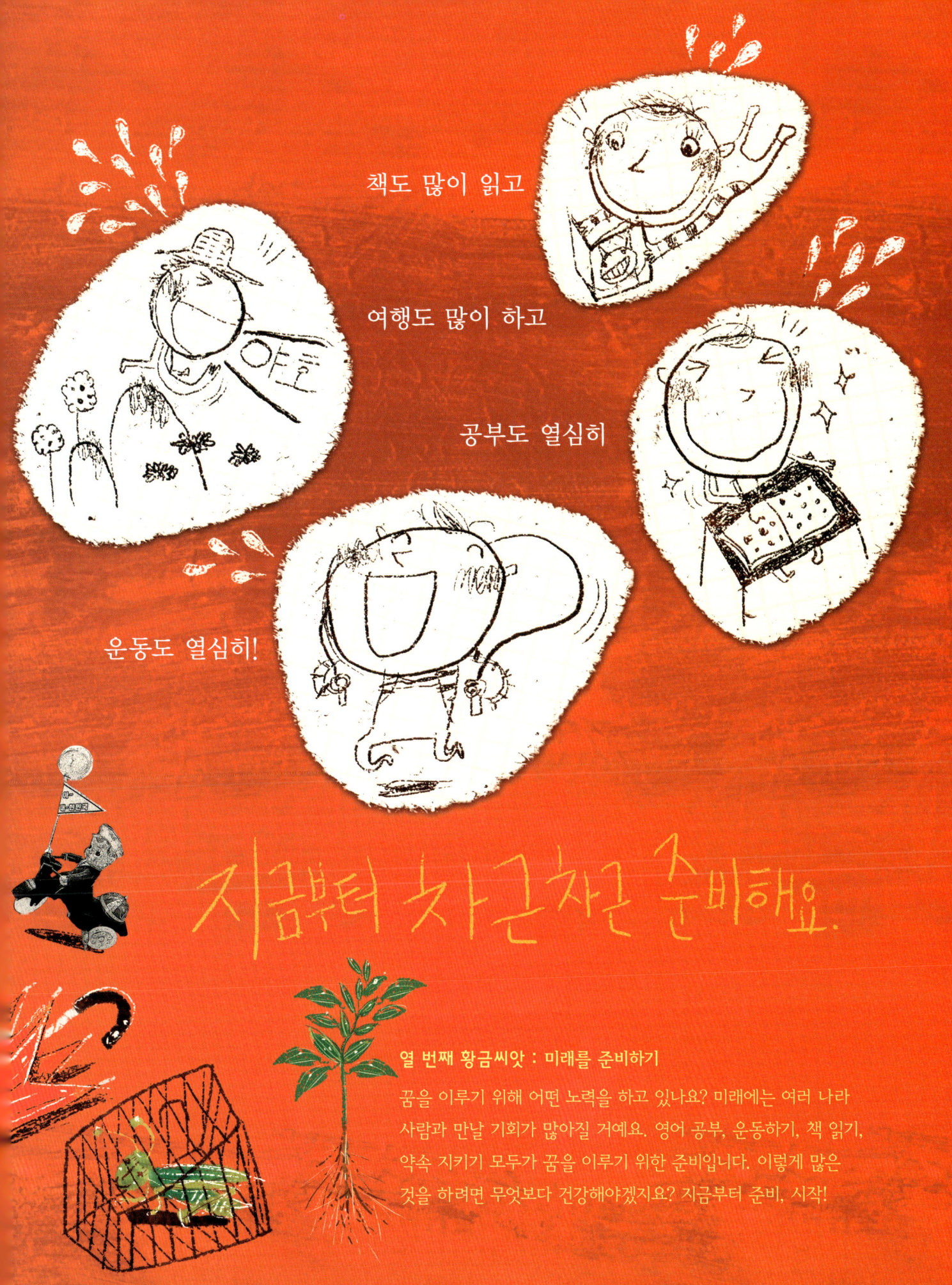

책도 많이 읽고

여행도 많이 하고

공부도 열심히

운동도 열심히!

지금부터 차근차근 준비해요.

열 번째 황금씨앗 : 미래를 준비하기

꿈을 이루기 위해 어떤 노력을 하고 있나요? 미래에는 여러 나라 사람과 만날 기회가 많아질 거예요. 영어 공부, 운동하기, 책 읽기, 약속 지키기 모두가 꿈을 이루기 위한 준비입니다. 이렇게 많은 것을 하려면 무엇보다 건강해야겠지요? 지금부터 준비, 시작!

가족과 함께 있는 시간은 소중해요

엄마 아빠는 내가
행복을 주는 아이래요.

엄마가 밥상을 차릴 때
나는 숟가락을 놓고

아빠가 집에 오면
나는 짱구 춤을 춰요.

엄마 아빠랑 함께 있으면 그냥 기분이 좋아져요.

엄마 아빠는 언제나 내 편이거든요.
나도 엄마 아빠 편이에요.
그러니까 우리는 한 가족!

열한 번째 황금씨앗 : 소중한 가족

100점 맞은 시험지를 누구한테 먼저 보여 주나요?
친구랑 싸우거나 다쳤을 때 누구한테 가장 먼저 달려가나요?
엄마, 아빠죠. 누구나 힘들거나 기쁠 때 가족이 생각납니다.
가족은 한 팀이니까요.

나는 행복해!

아침에 일어나
학교 갈 준비를 하고,

학교에선 발표도
잘 하고 친구와
사이좋게 지냈어요.

책 읽기, 운동하기, 놀기
다 열심히 했어요.

자기 전엔 엄마, 아빠와
굿 나이트 뽀뽀도 했고요. 그랬더니…

열두 번째 황금씨앗 : 긍정적인 생각

'나는 행복해!', '나는 운이 좋아!' 라고 자기 전에
늘 생각하세요. 정말로 그렇게 된답니다. 운이 좋다고
생각하는 사람은 다른 사람의 친절에 감사할 줄 알고,
다른 사람에게도 친절하지요. 행복하다고 생각하는
사람은 자신의 행복을 다른 사람과 나눌 줄 알아요.
성공하는 사람은 행복과 감사를 나눌 줄 아는 사람이랍니다.

공병호경영연구소와 함께 이 책의 기획과 집필에 참여한
김유정 님께 감사드립니다.

글 공병호

고려대학교에서 경제학을 공부하고, 미국 라이스대학에서 경제학 박사학위를 받았습니다. 국토개발연구원 책임 연구원, 일본 나고야대학 객원 연구원, 한국경제연구원 연구위원을 거쳐 자유기업센터와 자유기업원 초대 소장과 원장을 지냈습니다. 지금은 '공병호경영연구소'를 운영하면서 (주)교보생명 사외이사를 맡고 있습니다.
우리나라 최고의 경제경영전문가로 인정받고 있는 공병호 박사님은 방송, 강연, 책을 통해 여러 사람들에게 삶의 성공전략을 전파하고 있습니다. 지은 책으로는 《10년 법칙》《공병호의 자기경영노트》《부자의 생각 빈자의 생각》《공병호의 독서노트》《초콜릿》 등이 있고, 어린이를 위해 쓴 책으로는 《친구가 따르는 아이&친구를 따라가는 아이》《어린이가 만날 10년 후 세상》 등이 있습니다. 〈홈페이지 : www.gong.co.kr〉

그림 천소

세종대학교에서 만화·애니메이션을 공부하고 바이러스헤드에서 디자인 디렉터로 일했습니다. 캐릭터 디자인, 일러스트, 웹디자인, 숍디자인, CI, 플래시애니메이션 등 폭넓은 작업 경험을 바탕으로 늘 새로운 그림, 감동적인 그림을 그리려고 꾸준히 노력하는 그림쟁이입니다. 《10살, 생각을 시작하는 나이》《초등학교 선생님이 알려 주는 교과서 속 식물 101가지》《재치 발랄 수수께끼 교실》 등의 책에 그림을 그렸습니다. 〈홈페이지 : www.chunso.com〉

'행복한 하루 만들기' 판에 붙여 보세요.

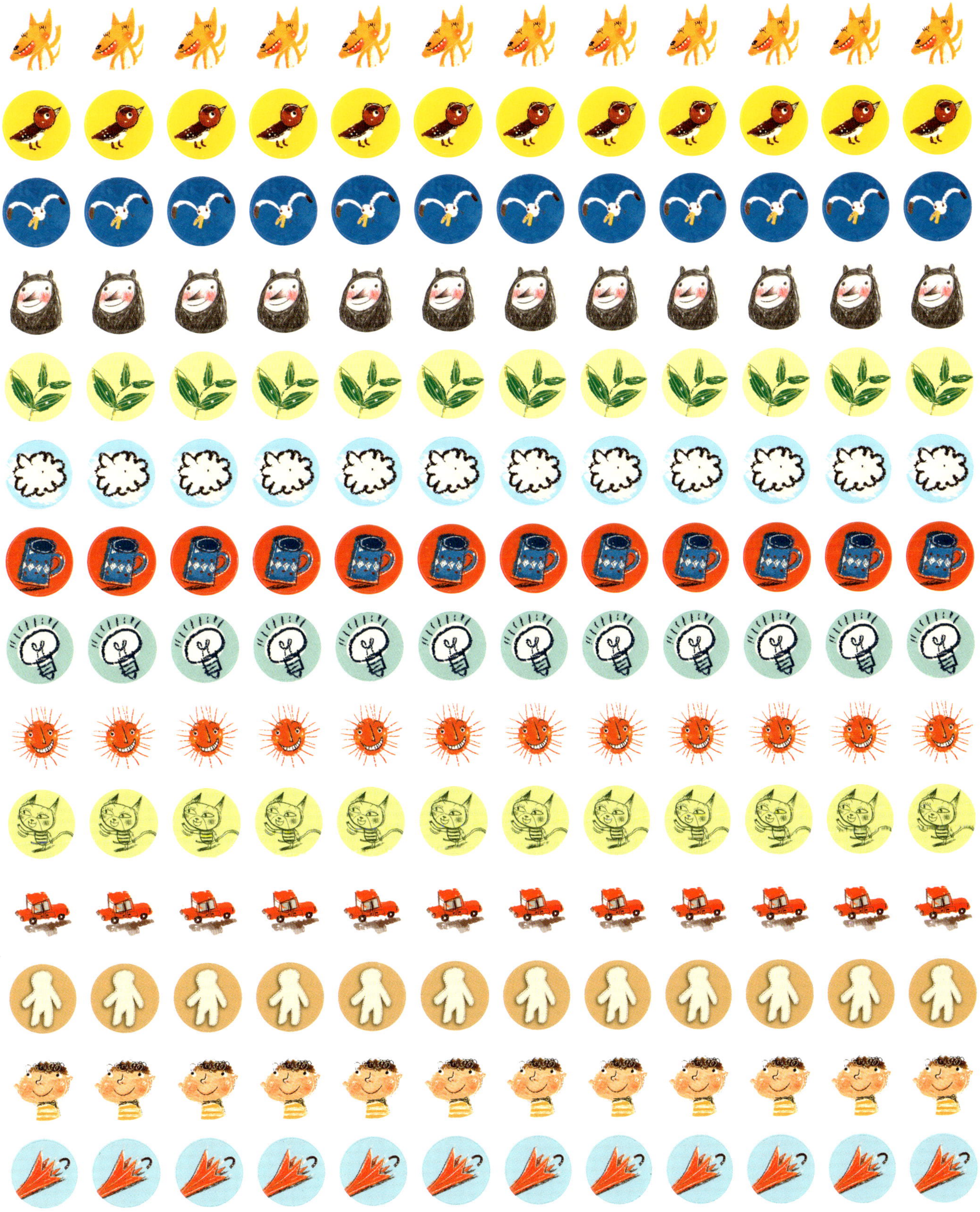